留学生のための

PowerPoint

ドリルブック

PowerPoint 2019 対応

CUTT
カットシステム

もくじ

本書に掲載している問題の「演習用ファイル」や「解答例のファイル」は、
以下の URL からダウンロードできます。

◆ PowerPoint ファイルのダウンロード URL
   https://cutt.jp/books/978-4-87783-847-8/

Step 01 タイトル スライドの作成

01-1 タイトル スライドの作成

（1）PowerPointを起動し、タイトルに「自転車の活用事例と交通安全」と入力してみましょう。

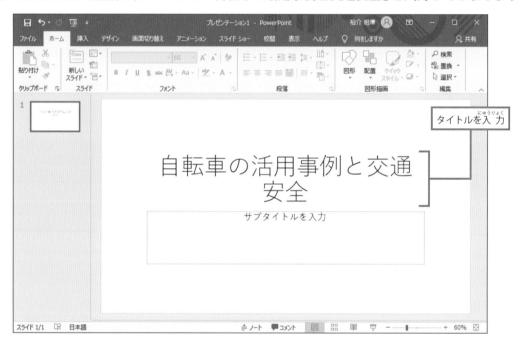

タイトルを入力

自転車の活用事例と交通安全

サブタイトルを入力

MEMO

ウィンドウの右側に「デザイン アイデア」が表示される場合もあります。この場合は、⊠をクリックして「デザイン アイデア」を閉じてください。

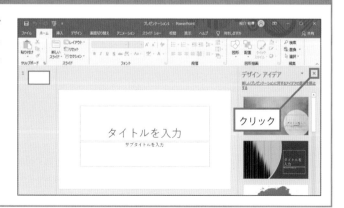

クリック

（2）タイトルから「事例」の文字を削除し、以下のように改行してみましょう。

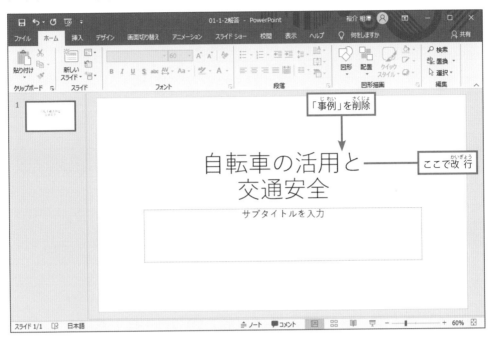

（3）サブタイトルに自分の名前を入力してみましょう。

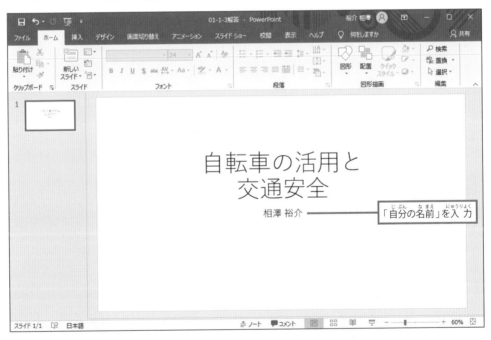

（4）演習（3）で作成したスライドを「01-1-4スライド」という名前でファイルに保存してみましょう。

（5）いちどPowerPointを終了し、先ほど保存した「01-1-4スライド」のファイルを開いてみましょう。

01-2 表示倍率の変更

（1）スライドの表示倍率を120%に拡大してみましょう。

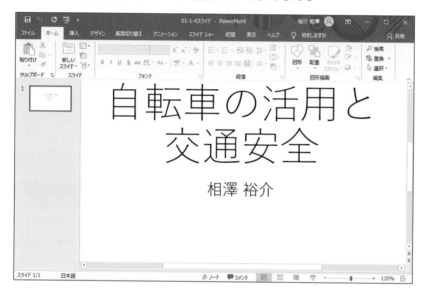

（2）ウィンドウ内にスライド全体が表示されるように、表示倍率を自動調整してみましょう。

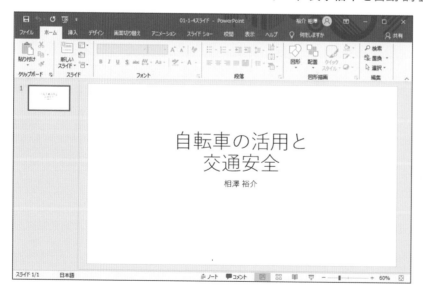

スライドの追加と箇条書き

Step 02

02-1 「2枚目のスライド」の文字入 力

（1）ステップ01で保存した「01-1-4スライド」を開き、2枚目のスライドを追加してみましょう。

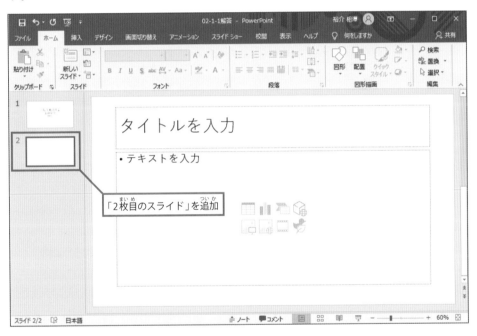

（2）2枚目のスライドのタイトルに「自転車の新しい活用事例」と入力してみましょう。

（3）2枚目のスライドのコンテンツの領域に、以下のように文字を入力してみましょう。

食 事などを宅配する「デリバリーサービス」
自転車で通勤する「ツーキニスト」
市街地で普及するレンタサイクル「シェアサイクル」

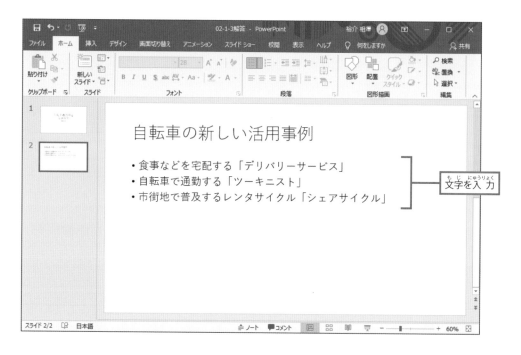

（4）以下のように改行を挿入してみましょう。

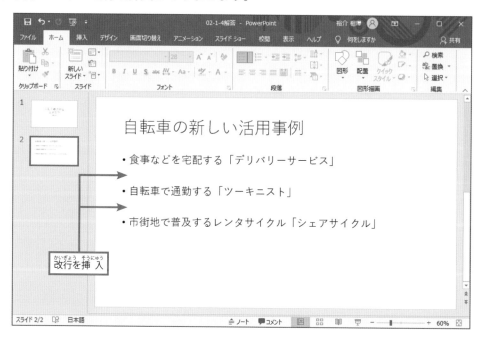

（1）3枚目のスライドを追加し、以下のように文字を入力してみましょう。

■スライドのタイトル

自転車の長所

■コンテンツの領域

環境に優しい移動手段
化石エネルギーを必要としない
CO_2を排出しない

適度な運動による健康の促進

街の発展に貢献
広い駐車スペースを必要としない（土地を有効活用できる）
渋滞の緩和につながる

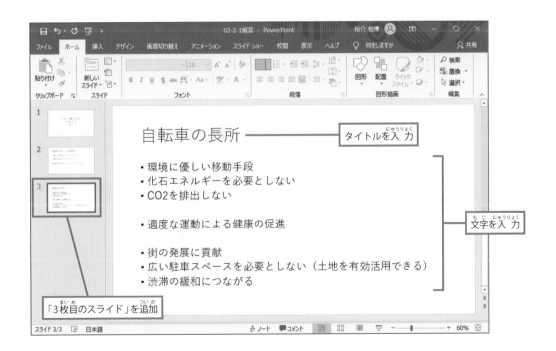

（1）以下のように「箇条書き」のレベルを変更してみましょう。

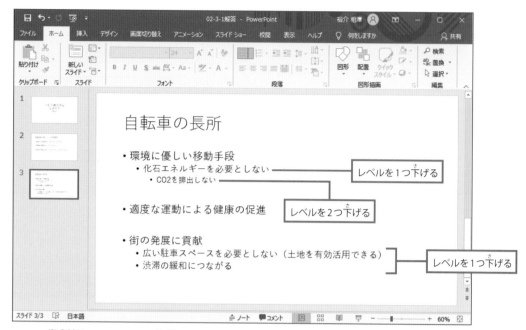

Hint：段落内にカーソルを移動し、 （インデントを増やす）をクリックします。

（2）以下のように「箇条書き」のレベルを変更してみましょう。

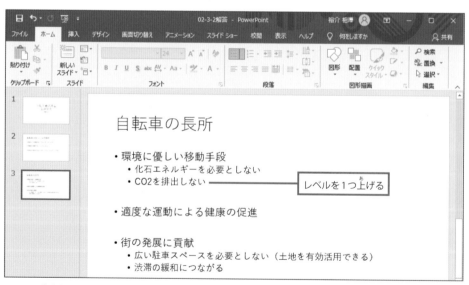

Hint：段落内にカーソルを移動し、 （インデントを減らす）をクリックします。

（3）演習（2）で作成したスライドを「02-3-3スライド」という名前でファイルに保存してみましょう。

Step 03 スライドのデザイン

03-1 テーマとバリエーションの変更

（1）ステップ02で保存した「02-3-3スライド」を開き、スライド全体のテーマを「インテグラル」に変更してみましょう。

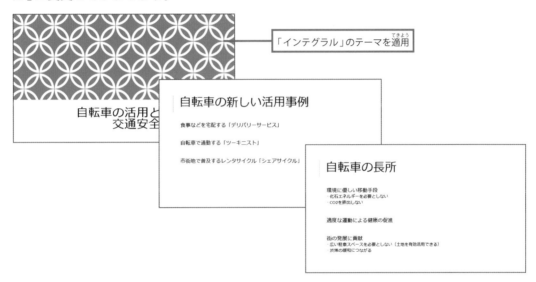

「インテグラル」のテーマを適用

MEMO

［デザイン］タブを選択し、「テーマ」の ▾ をクリックすると、テーマの一覧を表示できます。

（2）以下のようにバリエーションを変更してみましょう。

（3）スライド全体のテーマを「トリミング」に変更してみましょう。

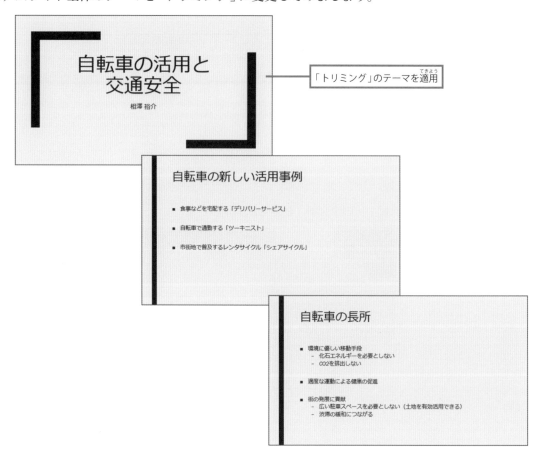

（1）スライド全体の配色を「緑」に変更してみましょう。

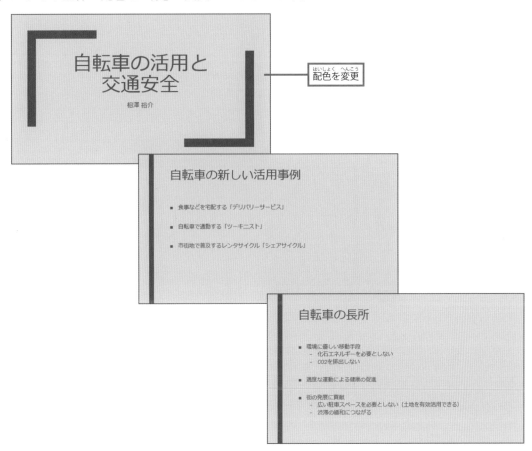

配色を変更

MEMO

配色を変更するときは、「バリエーション」の▽をクリックし、「配色」の中から「好きな色の組み合わせ」を選択します。

（1）スライド全体のフォントを「Calibri、メイリオ、メイリオ」に変更してみましょう。

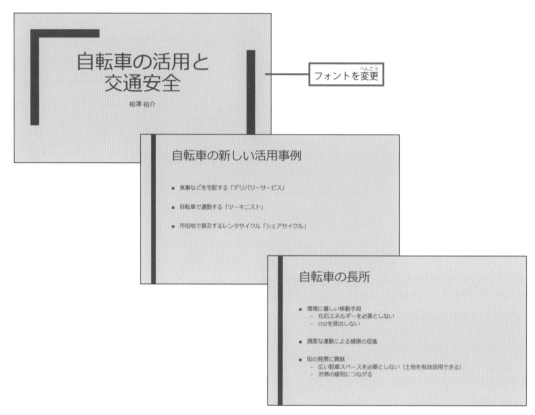

フォントを変更

MEMO

　スライド全体のフォントを変更するときは、「バリエーション」の□をクリックし、「フォント」の中から「好きなフォントの組み合わせ」を選択します。

（2）演習（1）で作成したスライドを「03-3-2スライド」という名前でファイルに保存してみましょう。

文字の書式と自動調整

04-1 「4枚目のスライド」の文字入力

（1）ステップ03で保存した「03-3-2スライド」を開き、4枚目のスライドを追加してみましょう。

（2）4枚目のスライドのタイトルに「自転車をとりまく課題」と入力してみましょう。

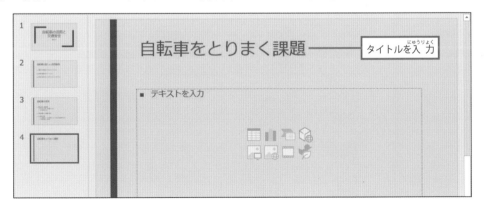

（3）4枚目のスライドのコンテンツの領域に、以下のように文字を入力してみましょう。

自転車専用レーンの整備が不十分
路上駐車により自転車の進路が妨害される
自転車が安全に走行できる道幅がない場合も

自転車に乗る人のマナー不足
歩道の走行（歩行者との接触事故につながる）
左側通行が徹底されていない

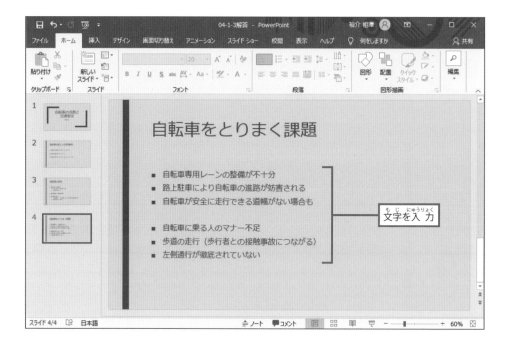

（4）以下のように箇条書きのレベルを変更してみましょう。

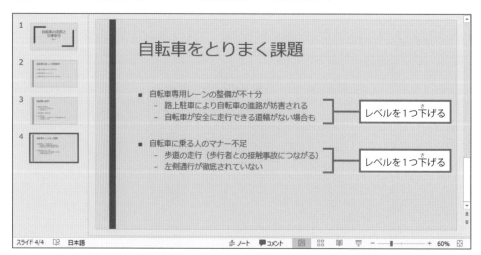

（1）2枚目のスライドを選択し、コンテンツの領域の文字サイズを「28pt」に変更してみましょう。

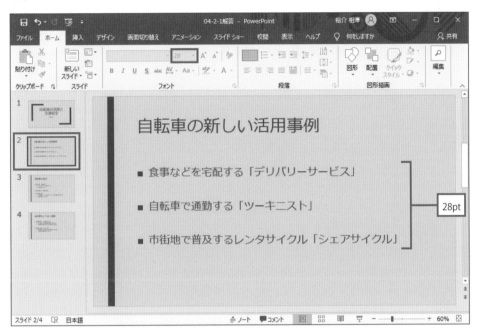

（2）4枚目のスライドを選択し、[A] （フォントサイズの拡大）を使って、文字サイズを2段階大きくしてみましょう。

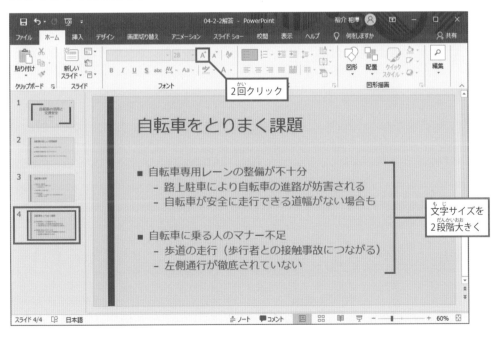

（1）3枚目のスライドを選択し、コンテンツの領域の文字サイズを「24pt」に変更してみましょう。

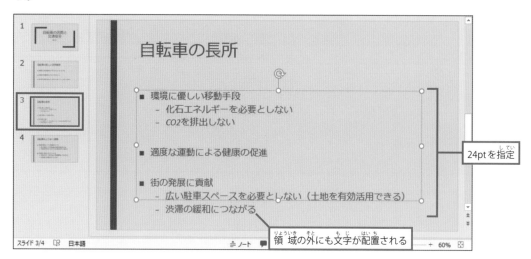

（2）⊞（自動調整オプション）をクリックし、「テキストをプレースホルダーに自動的に収める」を選択してみましょう。

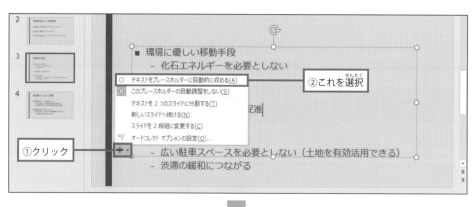

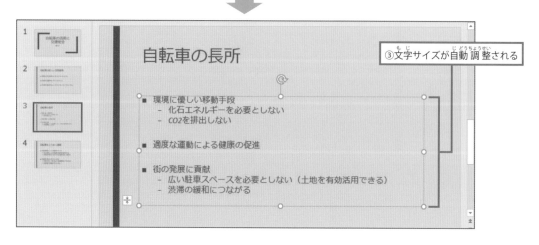

（3）コンテンツの領域のサイズ（高さ）を大きくしてみましょう。その後、文字サイズを確認してみましょう。

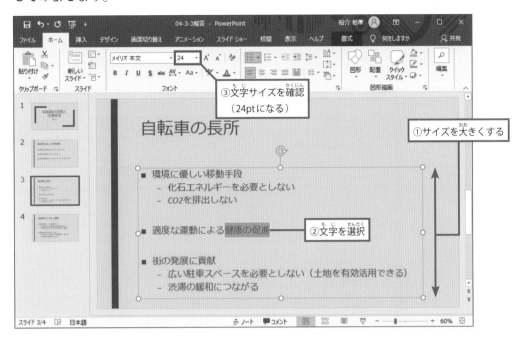

04-4 「コンテンツの領域」のリセット

（1）🖾（リセット）を使って、コンテンツの領域を最初の状態に戻してみましょう。

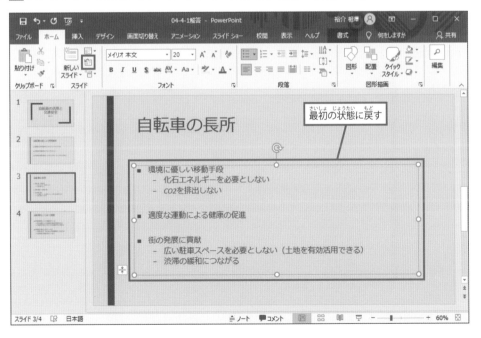

（1） $A^{\wedge}$（フォントサイズの拡大）を使って、文字サイズを1段階大きくしてみましょう。

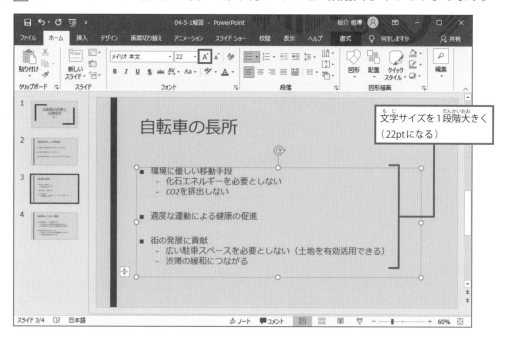

（2） もういちど $A^{\wedge}$（フォントサイズの拡大）をクリックしても、文字サイズが大きくならないことを確認してみましょう。

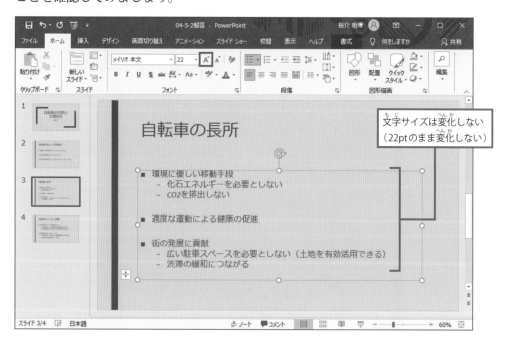

（3）コンテンツの領域のサイズ（高さ）を大きくしてみましょう。その後、文字サイズが「24pt」
に変化していることを確認してみましょう。

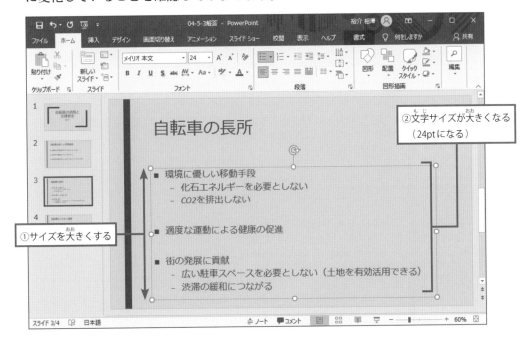

04-6 文字色の指定

（1）以下のように文字の色を「赤」に変更してみましょう。

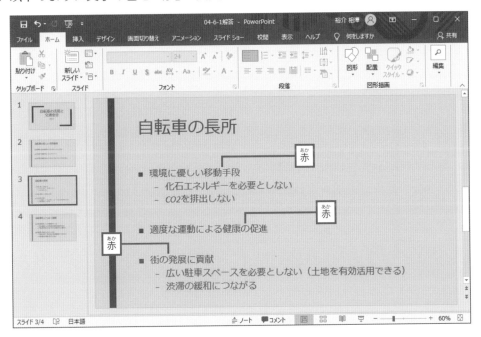

（1）以下のように下線を指定してみましょう。その後、「CO2」の斜体をOFFにしてみましょう。

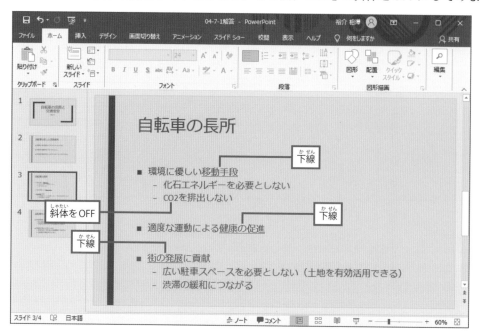

（2）2枚目のスライドを選択し、以下のように太字を指定してみましょう。

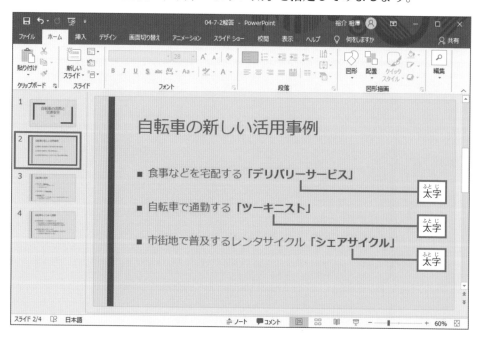

（3）4枚目のスライドを選択し、以下のように太字を指定してみましょう。

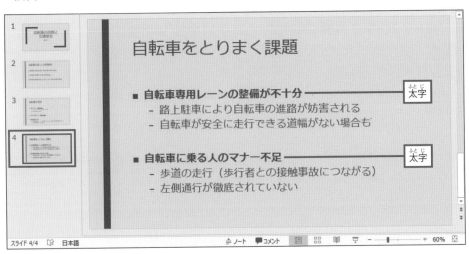

04-8 「フォント」ウィンドウの活用

（1）3枚目のスライドを選択し、［ホーム］タブの「フォント」グループにある 🔲 を使って、「2」の文字を下付きに変更してみましょう。

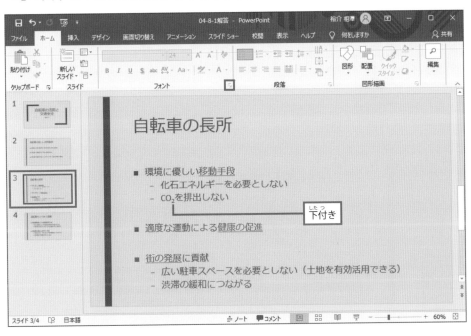

（2）演習（1）で作成したスライドを「04-8-2スライド」という名前でファイルに保存してみましょう。

Step 05 行頭文字と段落の書式

（1）ステップ04で保存した「04-8-2スライド」を開き、2枚目と4枚目のスライドの行頭文字を以下のように変更してみましょう。

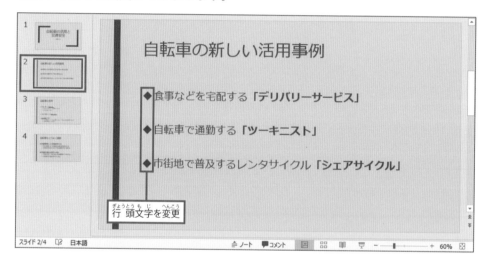

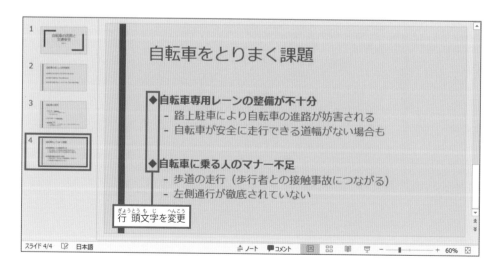

（2）4枚目のスライドを選択し、以下のように段落番号を指定してみましょう。

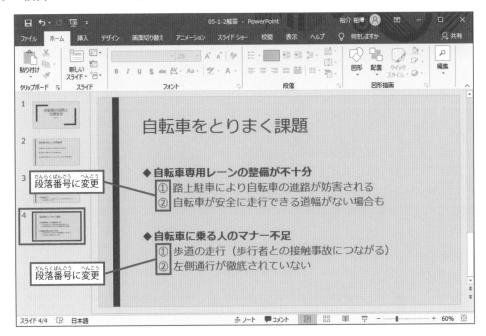

（3）3枚目のスライドを選択し、行頭文字を以下のように変更してみましょう。

Hint：［Ctrl］キーを押しながらマウスをドラッグすると、離れた位置にある段落をまとめて選択できます。

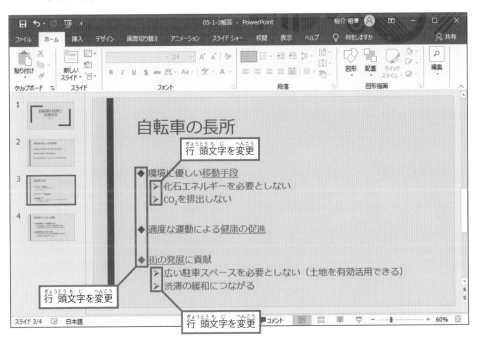

（４）「街の発展に貢献」の行頭文字を「通常の文字」と同じ色にしてみましょう。

Hint：あらかじめ「通常の文字の色」を調べておきます。

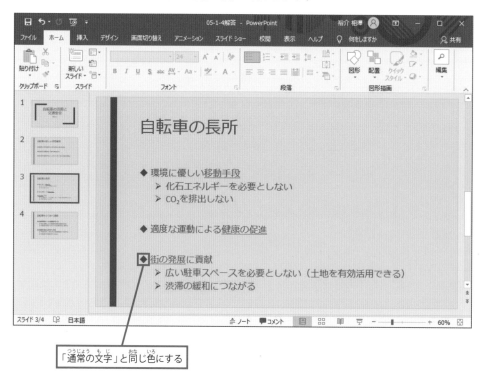

「通常の文字」と同じ色にする

行頭文字の色を変更するときは、▤（箇条書き）の⁃をクリックし、「箇条書きと段落番号」を選択します。

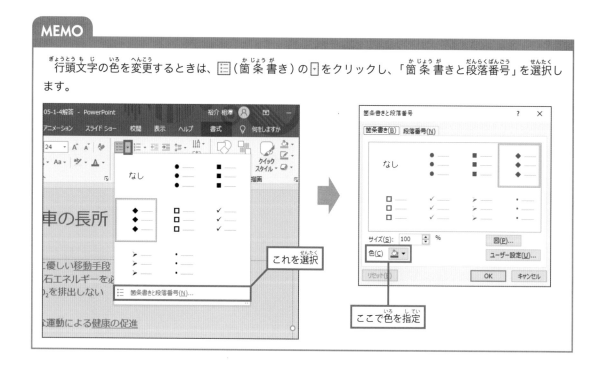

これを選択

ここで色を指定

05-2 段落の配置

（1）2枚目のスライドを選択し、スライド タイトルの配置を「中央揃え」に変更してみましょう。

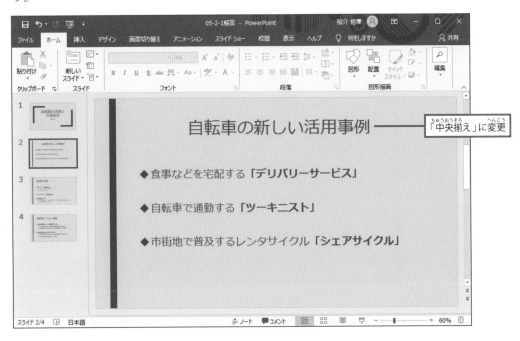

（2）スライド タイトルの配置を「左揃え」に戻してみましょう。

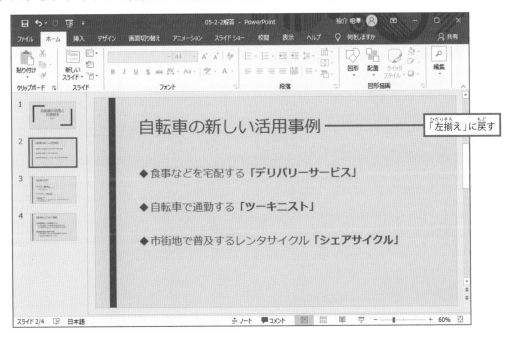

（1）3枚目のスライドを選択し、空白の段落の行間を「16pt」に変更してみましょう。

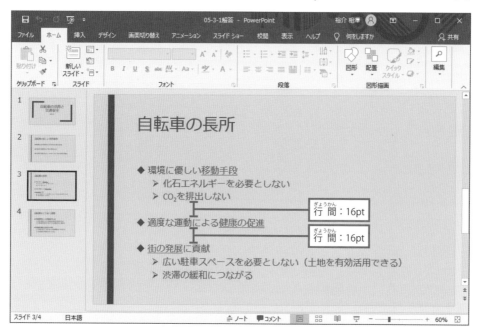

MEMO

［ホーム］タブの「段落」グループにある □ をクリックすると、「段落」ウィンドウを表示できます。行間を数値で指定するときは、「固定値」を選択してから数値（pt）を入力します。

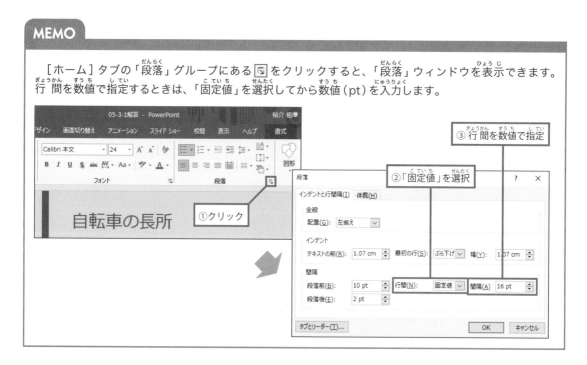

（2）演習（1）で作成したスライドを「05-3-2スライド」という名前でファイルに保存してみましょう。

Step 06 スライドの操作

06-1 スライドの並べ替え

（1）ステップ05で保存した「05-3-2スライド」を開き、サムネイルの表示を大きくしてみましょう。

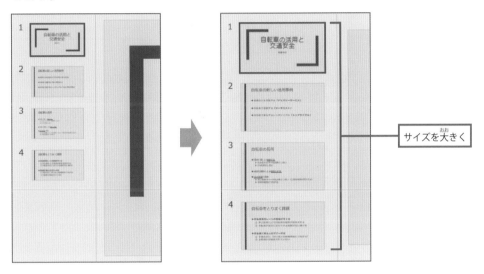

サイズを大きく

（2）3枚目のスライドの並び順を2枚目に変更してみましょう。

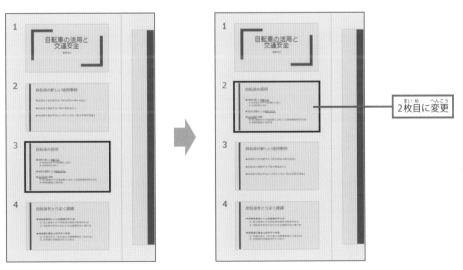

2枚目に変更

06-2 スライドの挿入と削除

（1）3枚目のスライドの後に新しいスライドを挿入してみましょう。

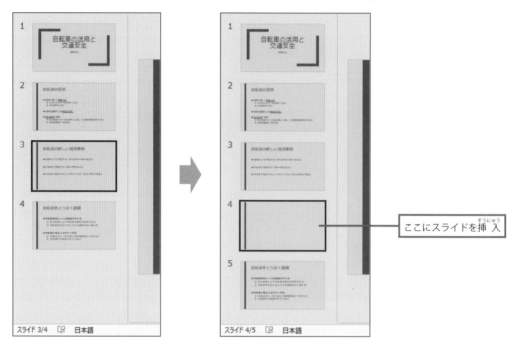

ここにスライドを挿入

（2）手順（1）で挿入したスライドを削除してみましょう。

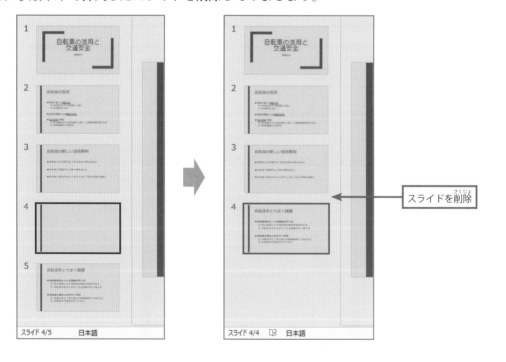

スライドを削除

（1）「2つのコンテンツ」のレイアウトで5枚目のスライドを追加してみましょう。

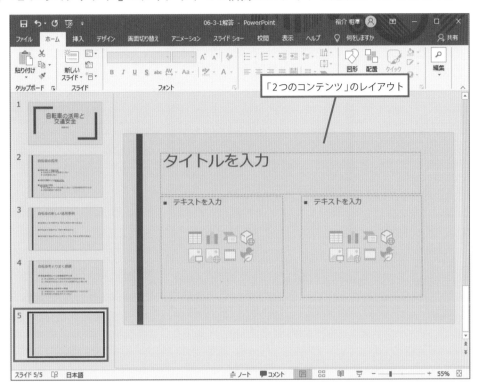

MEMO

　「タイトルとコンテンツ」以外のレイアウトでスライドを挿入するときは、「新しいスライド」の ⌄ を
クリックし、一覧からレイアウトを選択します。

（2）サムネイルの表示を小さくしてみましょう。

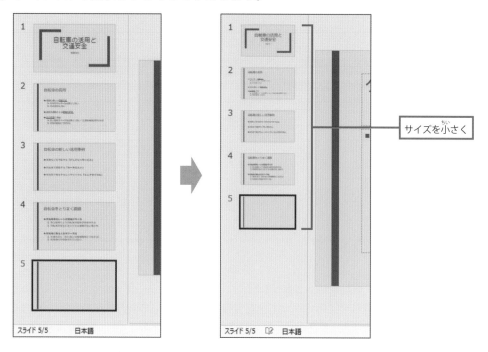

サイズを小さく

（3）5枚目のスライドのタイトルに「自転車専用レーンとナビマーク」と入力してみましょう。

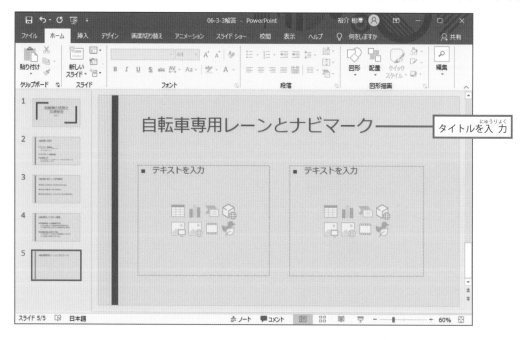

タイトルを入力

（4）演習（3）で作成したスライドを「06-3-4スライド」という名前でファイルに保存してみましょう。

Step 07 画像の挿入と編集

07-1 画像の挿入

（1）ステップ06で保存した「06-3-4スライド」を開き、5枚目のスライドに画像を挿入してみましょう。

※画像ファイルは、https://cutt.jp/books/978-4-87783-847-8/ からダウンロードします。

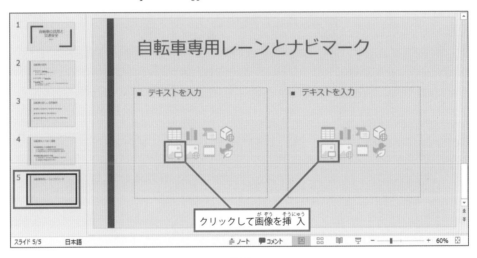

クリックして画像を挿入

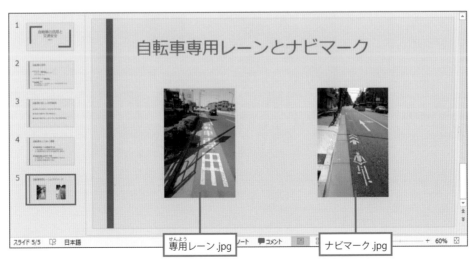

専用レーン.jpg　　　ナビマーク.jpg

（1）「左の画像」のサイズを大きくしてみましょう。

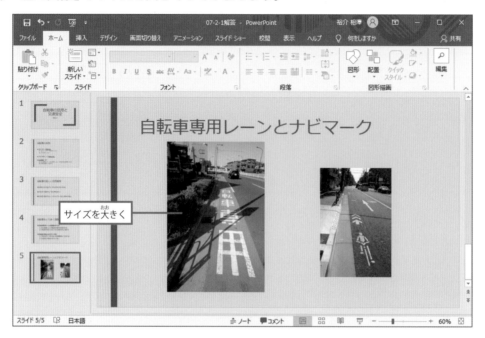

（2）「左の画像」と同じ高さになるように、「右の画像」のサイズを大きくしてみましょう。

画像の配置を調整するときは、スマートガイド（赤い点線）を参考にすると、手軽に「位置」や「サイズ」を揃えることができます。

07-3 画像のトリミング

（1）「左の画像」を以下のようにトリミングしてみましょう。

（2）「左の画像」と同じ高さになるように、「右の画像」をトリミングしてみましょう。

（3）2つの画像が同じサイズになるように、画像のサイズを大きくしてみましょう。

（1）2つの画像の位置を以下のように移動してみましょう。

Hint：[Shift]キーを押しながら画像をドラッグすると、画像を水平に移動できます。

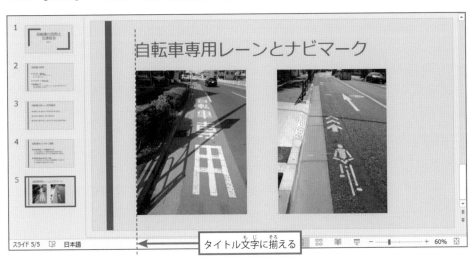

（1）「左の画像」を「コントラスト：＋20％」に修整してみましょう。

Hint：図ツールの[書式]タブにある「修整」コマンドを使用します。

（2）演習（1）で作成したスライドを「07-5-2スライド」という名前でファイルに保存してみましょう。

Step 08 表の作成と編集

08-1 表の作成

（1）ステップ07で保存した「07-5-2スライド」を開き、「タイトルとコンテンツ」のレイアウトで6枚目のスライドを追加してみましょう。

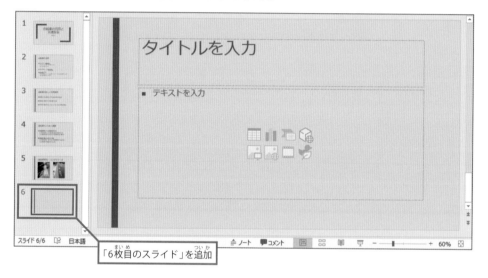

「6枚目のスライド」を追加

（2）タイトルに「駅前駐輪場の利用状況」と入力し、3列×6行の表を作成してみましょう。

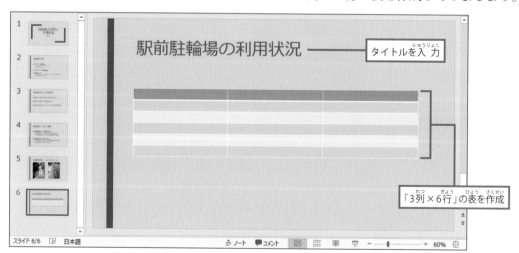

タイトルを入力

「3列×6行」の表を作成

（3）以下のように表に文字を入力してみましょう。

場所	収容台数	利用方法
神川駅（北口）	1,350台	月極契約
神川駅（南口A）	520台	時間貸し
神川駅（南口B）	240台	月極契約
森王駅（西口）	480台	月極契約
森王駅（東口）	360台	時間貸し

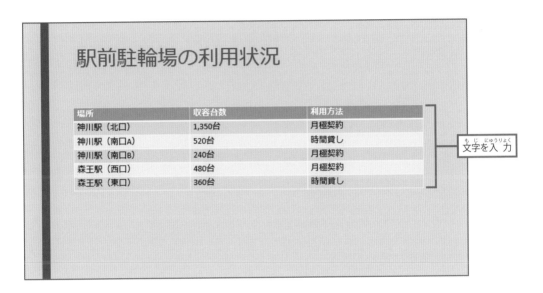

（4）表の右端に列を挿入し、1行目に「利用状況」と入力してみましょう。

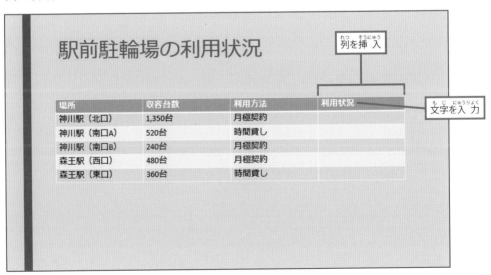

（5）以下のように列の幅を変更し、「利用状況」の列の幅を大きくしてみましょう。

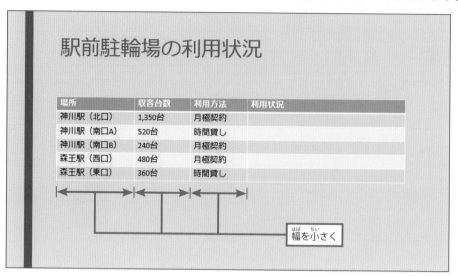

（6）「利用状況」の列に、以下のように文字を入力してみましょう。

約92%が契約中（空車は100台程度）
8時〜19時の平均利用率は約65%
約81%が契約中（空車は45台程度）
約75%が契約中（空車は120台程度）
8時〜19時の平均利用率は約45%

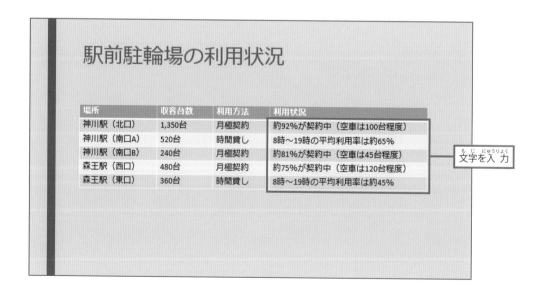

（1）以下のように表のサイズを変更してみましょう。

（1）各セルの文字の配置を以下のように変更してみましょう。

Hint：すべてのセルに「上下中央揃え」を指定します。

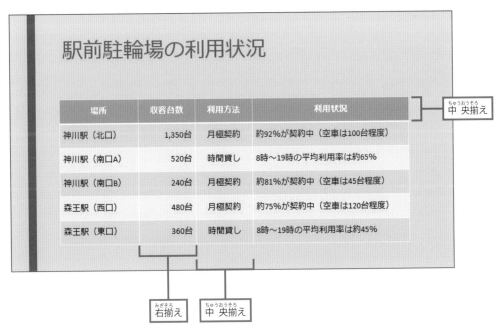

（1）表のスタイルを「濃色スタイル1‐アクセント6」に変更してみましょう。

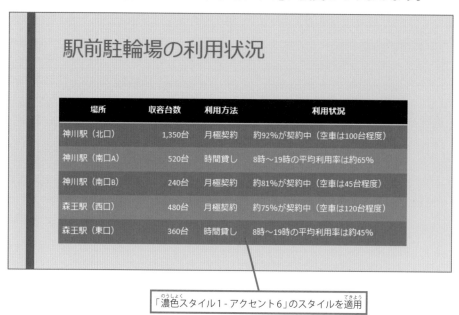

「濃色スタイル1‐アクセント6」のスタイルを適用

（2）表のスタイルを「中間スタイル3‐アクセント2」に変更してみましょう。

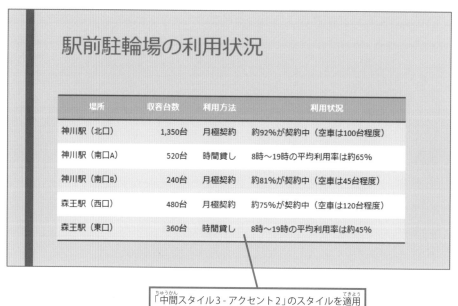

「中間スタイル3‐アクセント2」のスタイルを適用

（3）「表スタイルのオプション」を使って、「最初の列」を強調してみましょう。

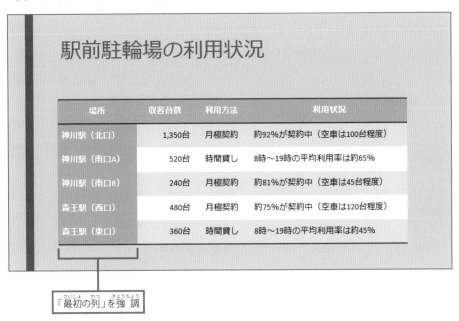

「最初の列」を強調

（4）「最初の列」の強調を解除し、元の状態に戻してみましょう。

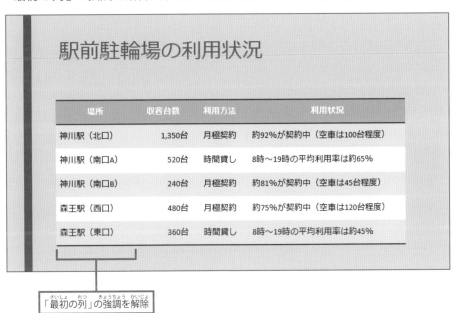

「最初の列」の強調を解除

（1）1行目のセルの背景色を以下のように変更してみましょう。

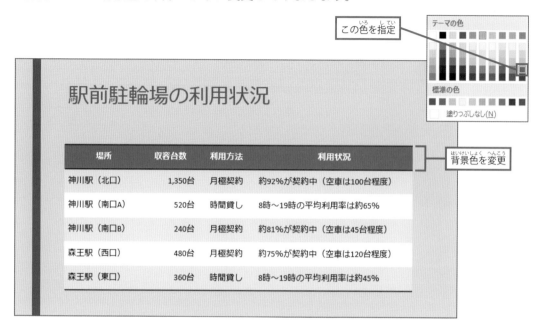

この色を指定

背景色を変更

（2）以下のように「1pt、黒」の罫線を描画してみましょう。

「1pt、黒」の罫線を描画

（3）演習（2）で作成したスライドを「08-5-3スライド」という名前でファイルに保存してみましょう。

Step 09 グラフの作成と編集

09-1 グラフの作成

（1）ステップ08で保存した「08-5-3スライド」を開き、7枚目のスライドを追加してみましょう。

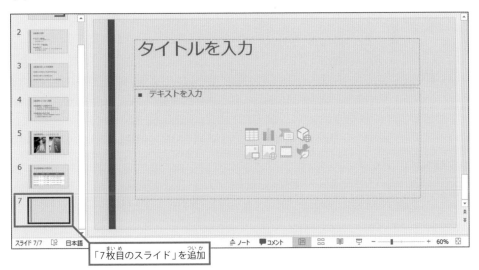

「7枚目のスライド」を追加

（2）タイトルに「自転車交通事故の死者数」と入力してみましょう。

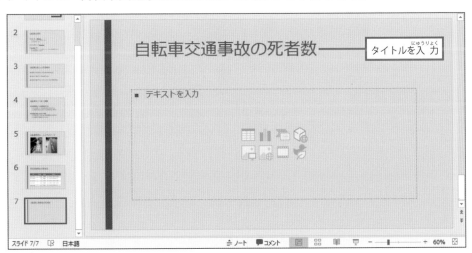

タイトルを入 力

（3）以下のように「3-D 積み上げ縦棒」のグラフを作成してみましょう。

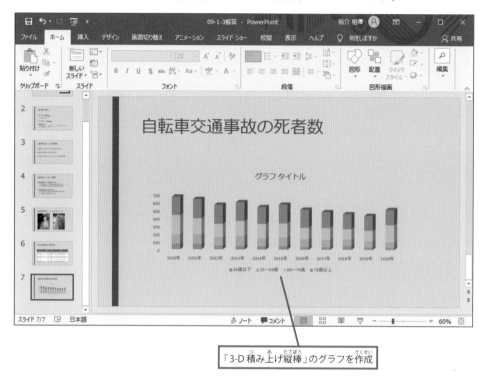

「3-D 積み上げ縦棒」のグラフを作成

■ グラフ作成用のデータ

	24歳以下	25 〜 59歳	60 〜 74歳	75歳以上
2010年	67	123	246	232
2011年	68	122	205	244
2012年	47	109	167	244
2013年	45	124	193	239
2014年	41	101	183	215
2015年	44	110	178	240
2016年	34	100	143	232
2017年	32	93	150	204
2018年	46	85	130	192
2019年	29	83	129	192
2020年	27	70	217	195

09-2 グラフのサイズ変更

（1）以下のようにグラフのサイズを変更してみましょう。

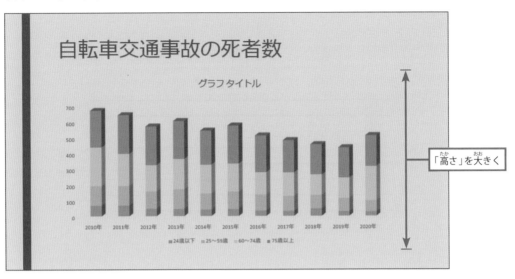

09-3 グラフのデータの修正

（1）「2020年、60〜74歳」のデータを「127」に修正してみましょう。

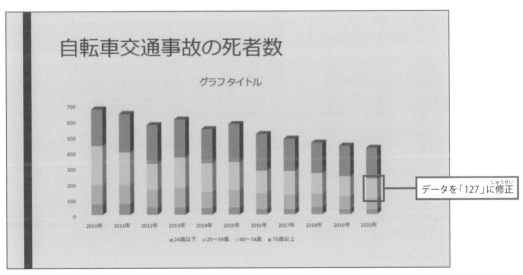

（1）グラフから「グラフ タイトル」を削除してみましょう。

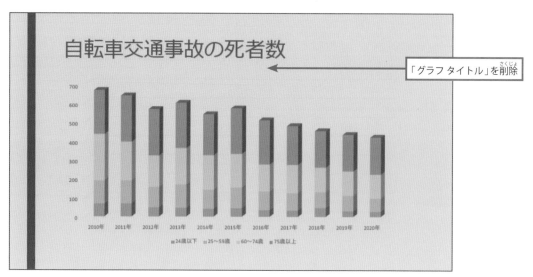

（2）縦軸の「軸ラベル」を表示し、「死者数（人）」と入力してみましょう。

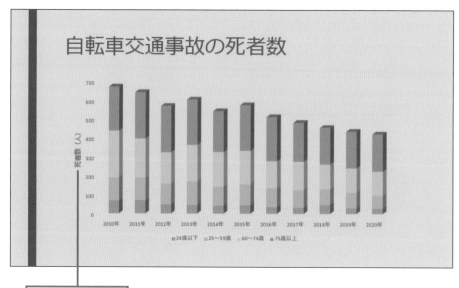

09-5 グラフのスタイル

（1）グラフ スタイルを「スタイル6」に変更してみましょう。

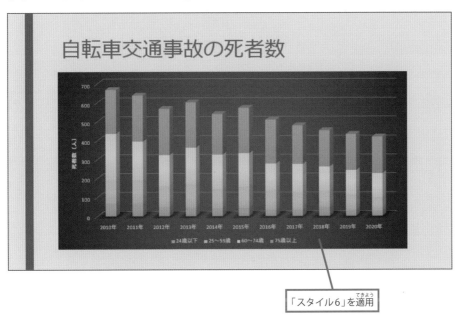

「スタイル6」を適用

09-6 グラフの色

（1）「色の変更」を使って、グラフ全体の色を「カラフルなパレット4」に変更してみましょう。

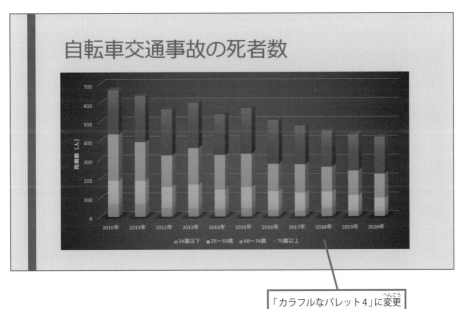

「カラフルなパレット4」に変更

（2）以下のようにグラフの色を変更してみましょう。

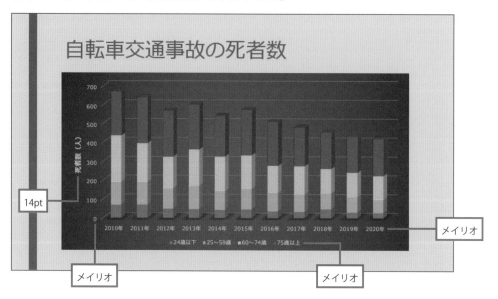

テーマの色

標準の色

塗りつぶしなし(N)

これらの色を指定

グラフの色を変更

自転車交通事故の死者数

09-7 グラフ内の文字の書式

（1）以下のように文字の書式を変更してみましょう。

自転車交通事故の死者数

14pt

メイリオ

メイリオ

メイリオ

（2）演習（1）で作成したスライドを「09-7-2スライド」という名前でファイルに保存してみましょう。

Step 10 SmartArtの作成と編集

さくせい へんしゅう

10-1 SmartArtの作成

さくせい

（1）ステップ09で保存した「09-7-2スライド」を開き、8枚目のスライドを追加してみましょう。

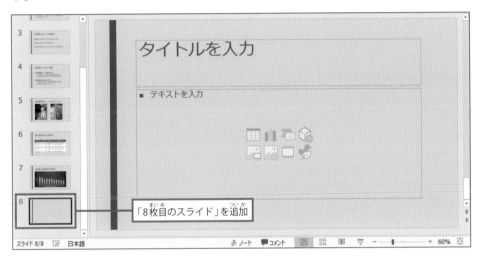

（2）タイトルに「シェアサイクルの使い方」と入力し、「段違いステップ」のSmartArtを作成してみましょう。

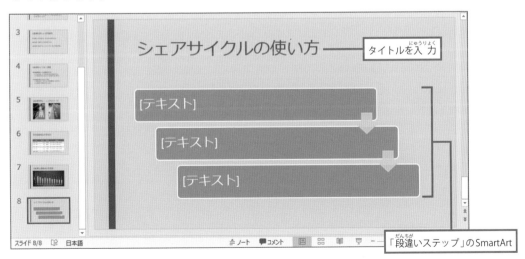

（3）以下のように SmartArt のサイズを変更してみましょう。

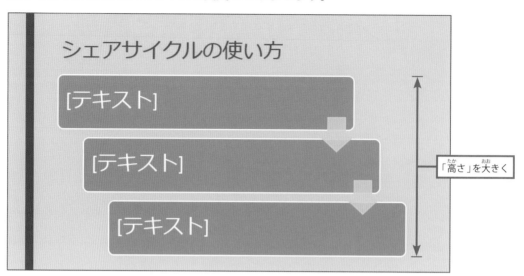

（4）SmartArt の各図形に、以下のように文字を入力してみましょう。

会員登録
Webまたはスマートフォンアプリから会員登録

予約
時間と場所を指定して予約

返却
地域内の好きなサイクルポートに返却可能

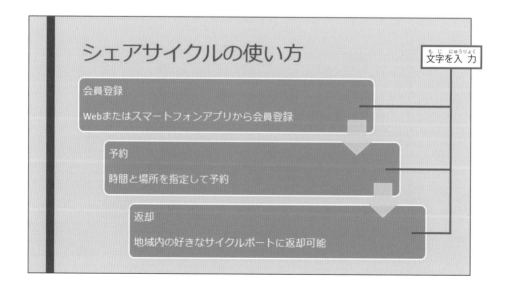

（1）以下のように図形を追加し、文字を入力してみましょう。

利用開始
サイクルポートの端末にて利用を申し込み

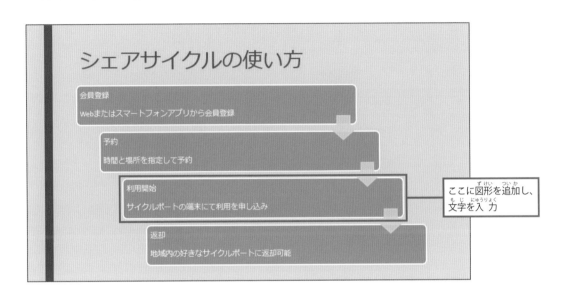

（2）「予約」の図形を削除してみましょう。

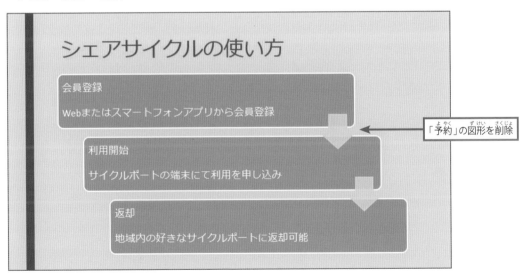

（1）以下のように文字の書式を変更してみましょう。

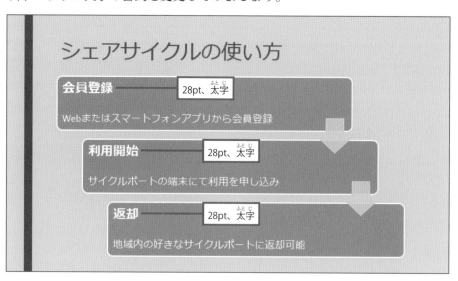

（2）以下のように文字の書式を変更してみましょう。

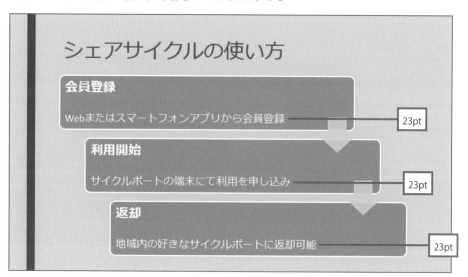

MEMO

　一覧に用意されていない文字サイズを指定するときは、20（フォントサイズ）のボックスに数値を自分で入力します。

数値を入力

（3）「会員登録」、「利用開始」、「返却」の段落後の間隔を「2pt」に変更してみましょう。

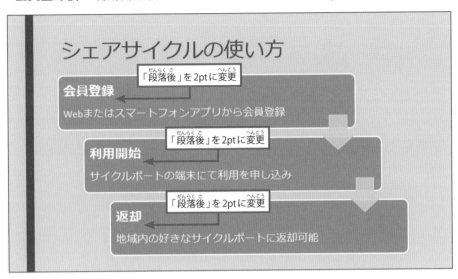

　「段落後」の間隔を変更するときは、□をクリックして「段落」ウィンドウを表示し、以下の図に示した項目の数値（pt）を変更します。

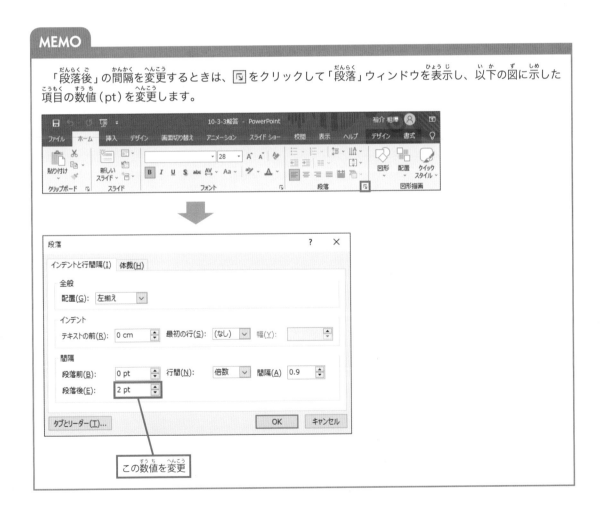

10-4 SmartArtのスタイル

（1）SmartArtのスタイルを「立体グラデーション」に変更してみましょう。

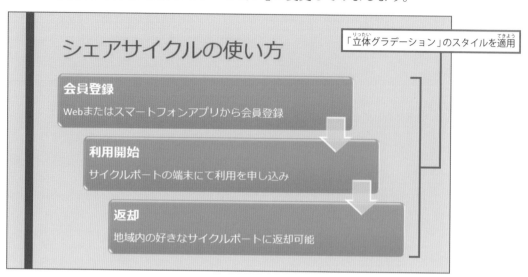

10-5 図形の塗りつぶし

（1）以下のように図形の色を変更してみましょう。

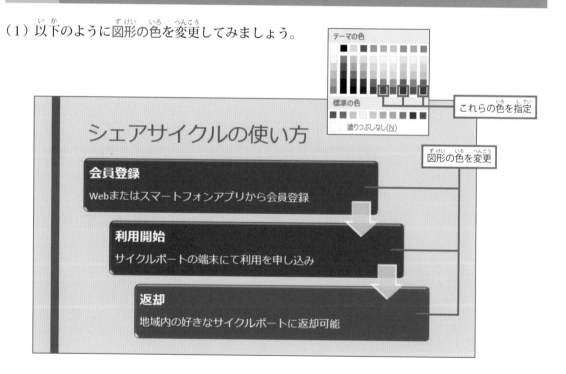

（2）演習（1）で作成したスライドを「10-5-2スライド」という名前でファイルに保存してみましょう。

Step 11 テキストボックスの活用

11-1 テキストボックスの活用（1）

（1）ステップ10で保存した「10-5-2スライド」を開き、7枚目のスライドにテキストボックスを描画してみましょう。

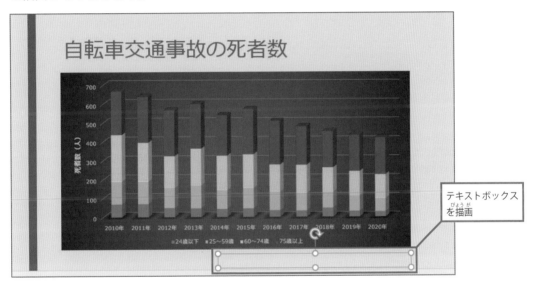

テキストボックスを描画

（2）テキストボックスに「出典：道路の交通に関する統計（警視庁）」と入力し、以下のように書式を指定してみましょう。

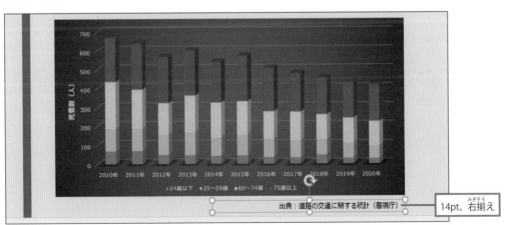

14pt、右揃え

（3）テキストボックスに「光沢 - 水色、アクセント6」のスタイルを適用し、サイズと位置を調整してみましょう。

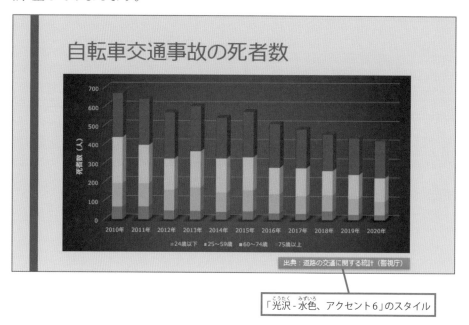

「光沢 - 水色、アクセント6」のスタイル

11-2 テキストボックスの活用（2）

（1）5枚目のスライドを選択し、テキストボックスを使って「自転車専用レーン」と「自転車ナビマーク」の文字を配置してみましょう。

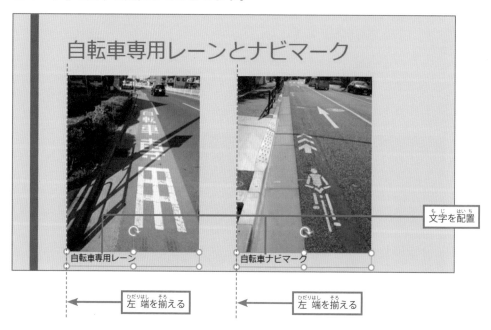

文字を配置

左端を揃える　左端を揃える

（２）テキストボックス内の左余白を「0cm」に変更してみましょう。

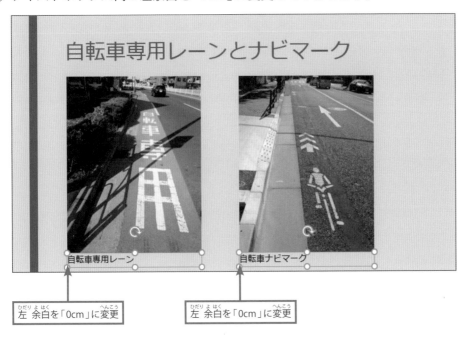

左 余白を「0cm」に変更

左 余白を「0cm」に変更

MEMO

テキストボックス内の余白を変更するときは、以下のように操作します。

（３）演習（２）で作成したスライドを「11-2-3スライド」という名前でファイルに保存してみましょう。

Step 12 スライドショーとリハーサル

12-1 スライドショーの実行

（1）ステップ11で保存した「11-2-3スライド」を開き、スライドショーを実行してみましょう。

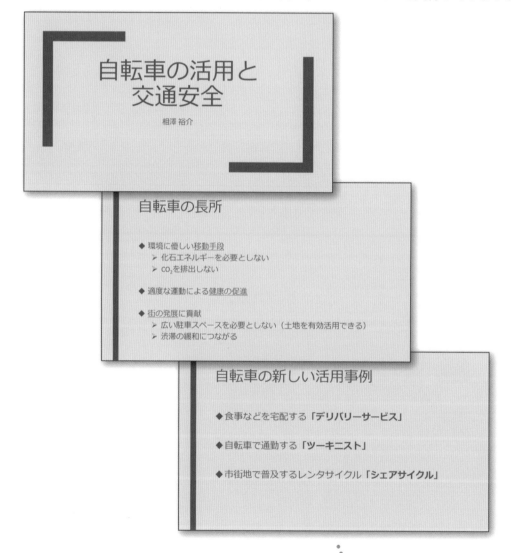

12-2 リハーサルの実行

（1）リハーサルを使って、経過時間を見ながらスライドショーを実行してみましょう。

Hint：最後に［いいえ］ボタンをクリックしてリハーサルを終了します。

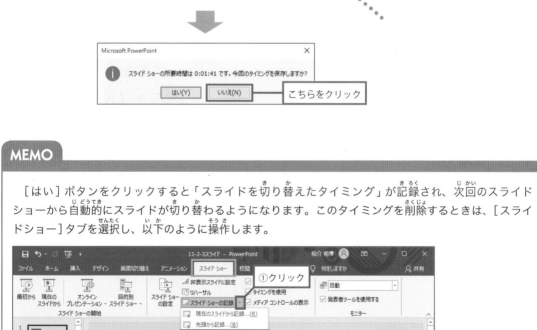

MEMO

［はい］ボタンをクリックすると「スライドを切り替えたタイミング」が記録され、次回のスライドショーから自動的にスライドが切り替わるようになります。このタイミングを削除するときは、［スライドショー］タブを選択し、以下のように操作します。

Step 13 画面切り替えの指定

13-1 画面切り替えの指定

（1）ステップ11で保存した「11-2-3スライド」を開き、1枚目のスライドに「カーテン」の画面切り替えを指定してみましょう。

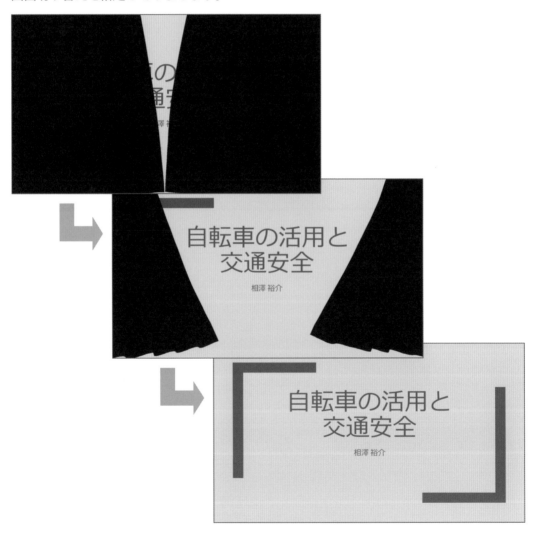

（2）スライドショーを実行して、画面切り替えの動作を確認してみましょう。

（3）1枚目のスライドの画面切り替えを「ブラインド」に変更してみましょう。

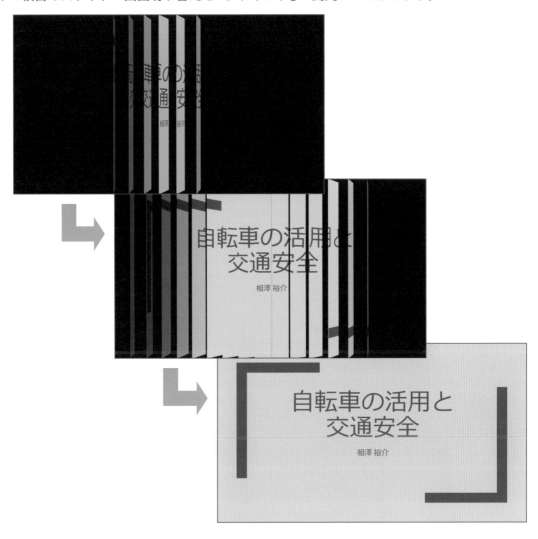

（4）画面切り替えの速度（期間）を「2.5秒」に変更してみましょう。

（5）すべてのスライドに演習（4）と同じ画面切り替えを適用してみましょう。その後、スライドショーを実行してみましょう。

（6）演習（5）で作成したスライドを「13-1-6スライド」という名前でファイルに保存してみましょう。

Step 14 アニメーションの指定

14-1 段落にアニメーションを指定

（1）ステップ13で保存した「13-1-6 スライド」を開き、4枚目のスライドに「スライドイン」のアニメーションを指定してみましょう。

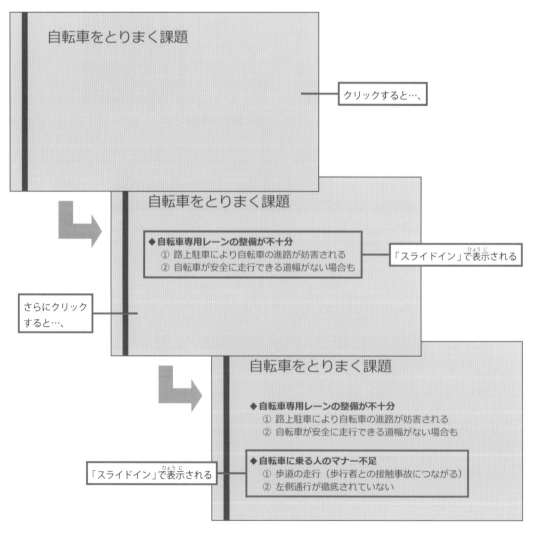

（2）スライドショーを実行して、アニメーションの動作を確認してみましょう。

（1）5枚目のスライドを選択し、以下のように「ズーム」のアニメーションを指定してみましょう。

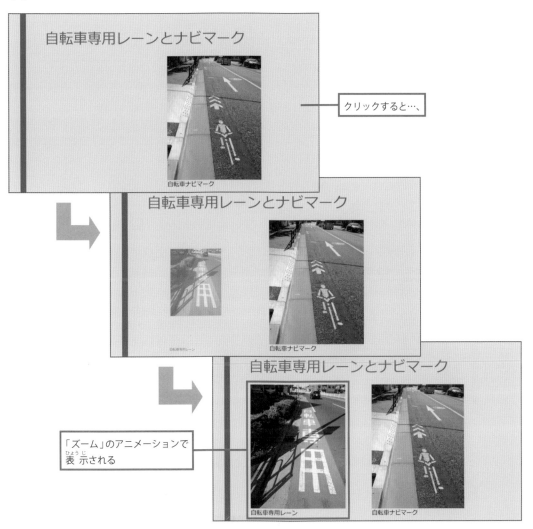

クリックすると…、

「ズーム」のアニメーションで表示される

［Shift］キーを押しながらマウスをクリックすると、「画像」と「テキストボックス」を同時に選択できます。

①クリック

②［Shift］＋クリック

（2）右側の「画像」と「テキストボックス」にも「ズーム」のアニメーションを指定してみましょう。

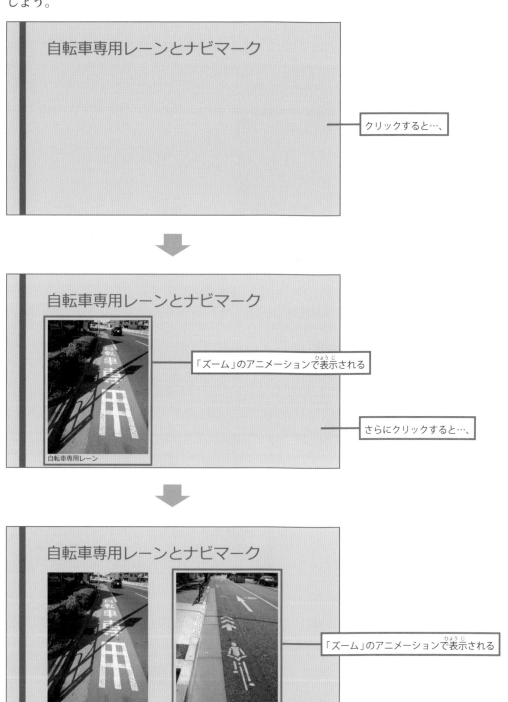

（3）スライドショーを実行して、アニメーションの動作を確認してみましょう。

Hint：「5枚目のスライド」からスライドショーを実行しても構いません。

（4）「ズーム」のアニメーションを「スプリット」に変更してみましょう。

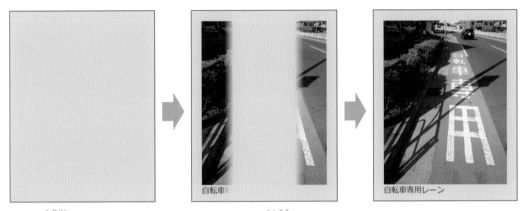

Hint：右側のアニメーションも「スプリット」に変更します。

（5）「効果のオプション」を「ワイプアウト（縦）」に変更してみましょう。

Hint：右側のアニメーションの効果も「ワイプアウト（縦）」に変更します。

（6）スライドショーを実行して、アニメーションの動作を確認してみましょう。

（7）演習（6）で作成したスライドを「14-2-7スライド」という名前でファイルに保存してみましょう。

Step 15 配布資料の作成

15-1 印刷レイアウトの指定

（1）ステップ14で保存した「14-2-7スライド」を開き、印刷プレビューを確認してみましょう。
その後、「3スライド」のレイアウトを指定してみましょう。

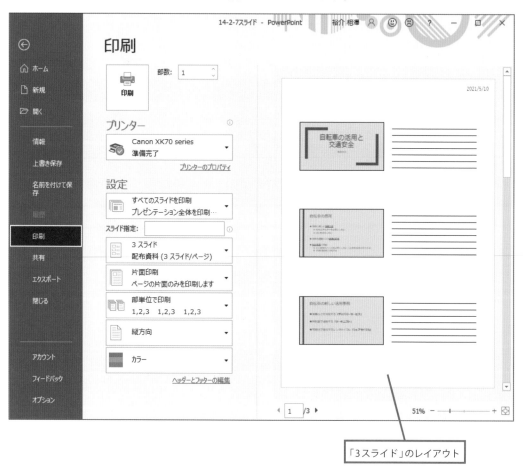

「3スライド」のレイアウト

（2）印刷レイアウトを「4スライド（横）」に変更してみましょう。

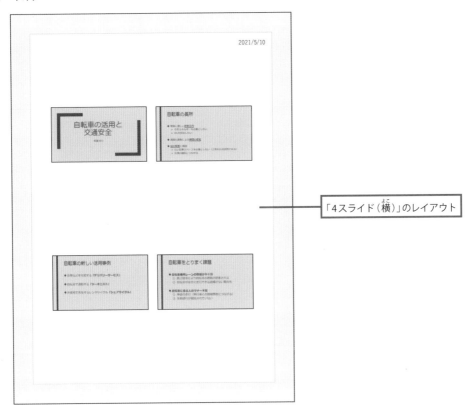

「4スライド（横）」のレイアウト

（3）用紙の向きを「横方向」に変更してみましょう。

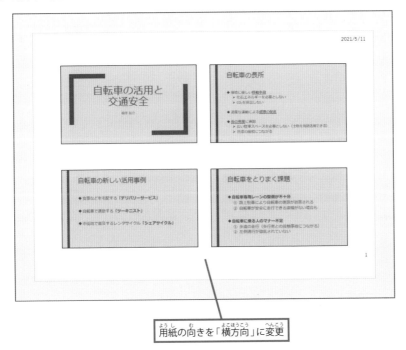

用紙の向きを「横方向」に変更

（1）以下のようにヘッダーとフッターを指定してみましょう。

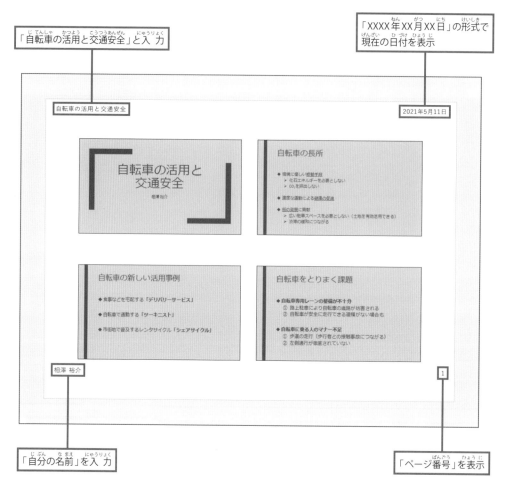

「自転車の活用と交通安全」と入力

「XXXX年XX月XX日」の形式で現在の日付を表示

「自分の名前」を入力

「ページ番号」を表示

MEMO

　ヘッダー・フッターに表示（印刷）する内容を変更するときは、印刷の設定画面にある「ヘッダーとフッターの編集」の文字をクリックします。

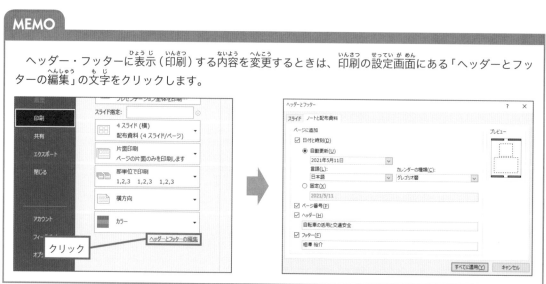

（１）前ページの設定で配布資料を印刷してみましょう。

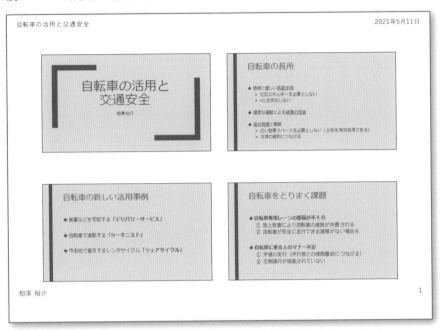

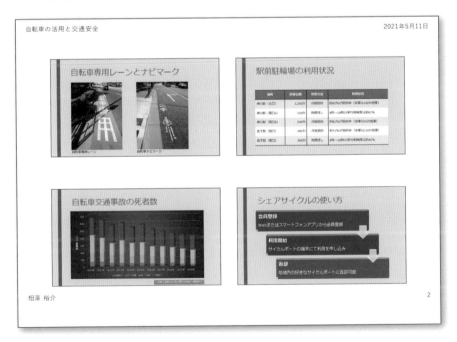

（２）「15-3-2スライド」という名前で、スライドをファイルに保存してみましょう。

16-1 発表用原稿の入力

（1）ステップ15で保存した「15-3-2スライド」を開き、ノートの領域を表示してみましょう。その後、1枚目のスライドに以下の発表用原稿を入力してみましょう。

　　それでは、「自転車の活用と交通安全」について、日本の現状を簡単に説明していきます。

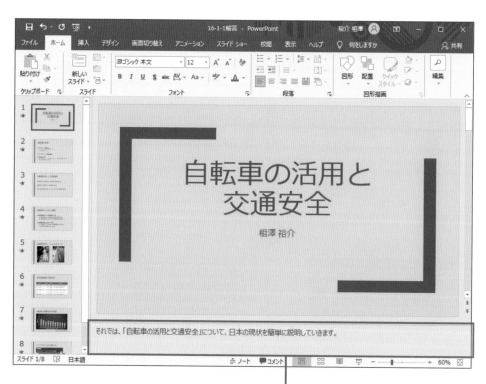

「ノートの領域」を開き、文字を入力

（1）2枚目のスライドを選択し、「ノート」の画面表示に切り替えてみましょう。

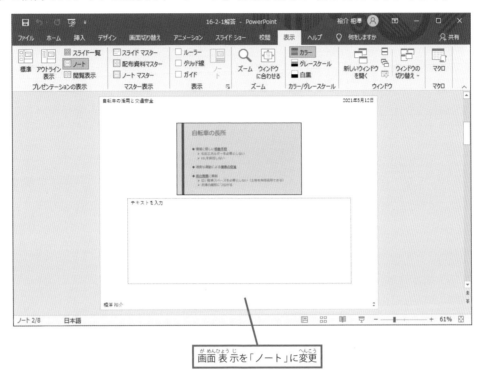

画面表示を「ノート」に変更

（2）用紙の向きを「縦方向」に変更してみましょう。

Hint：［ファイル］タブの「印刷」で設定を変更します。

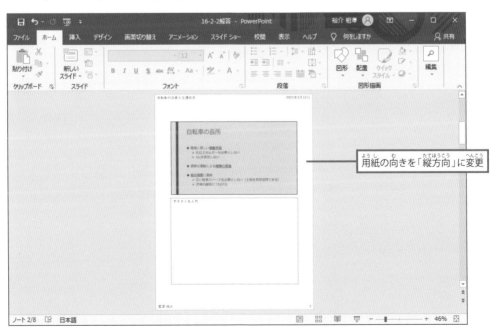

用紙の向きを「縦方向」に変更

（3）2枚目のスライドのノートに、以下の発表用原稿を入力してみましょう。

まずは、自転車ならではの長所について「おさらい」しておきます。

自転車はガソリンなどの化石燃料を必要としないため、基本的にCO_2を排出することはありません。このため、温暖化の防止につながる移動手段になると考えられます。

また、自転車に乗ることは適度な運動にもなるため、健康を促進する乗り物としても、近年、多くの注目を集めています。

そのほか、広い駐車スペースを必要としないことも自転車の長所といえます。駅周辺や商業地域の土地を有効に活用できるだけでなく、渋滞の緩和にもつながります。

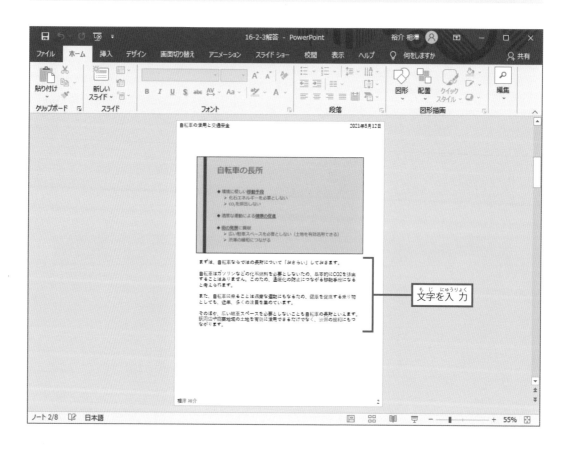

（4）5枚目のスライドを表示し、ノートに以下の発表用原稿を入力してみましょう。

続いては、「自転車専用レーン」と「自転車ナビマーク」について説明します。

＜クリックしてアニメショーンを開始＞
「自転車専用レーン」は、自転車の走行だけが認められている通行帯です。この部分を
自動車やバイクなどで走行することは、法律で禁止されています。

＜クリックしてアニメショーンを開始＞
一方、「自転車ナビマーク」は自転車が走行すべき場所を示したもので、法的な効力は
ありません。このため、自動車やバイクで走行しても罰則はありません。

自転車に乗るときは、これらの違いについて十分に注意しておく必要があります。

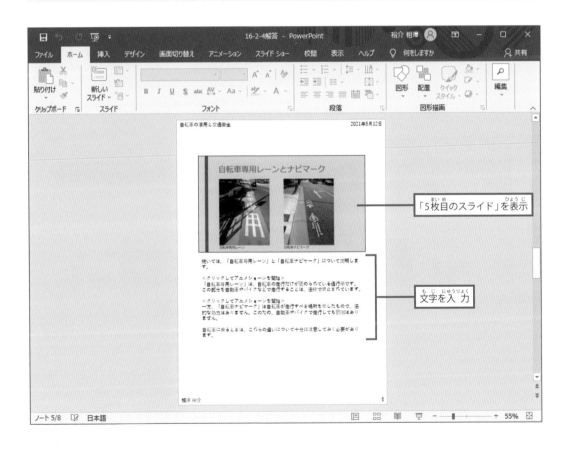

「5枚目のスライド」を表示

文字を入力

（1）2枚目のスライドを表示し、ノートの文字の書式を以下のように変更してみましょう。

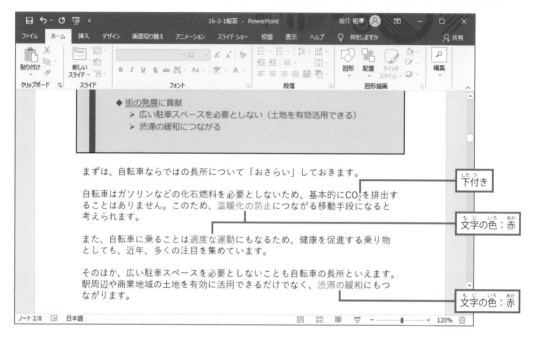

（2）5枚目のスライドを表示し、ノートの文字の書式を以下のように変更してみましょう。

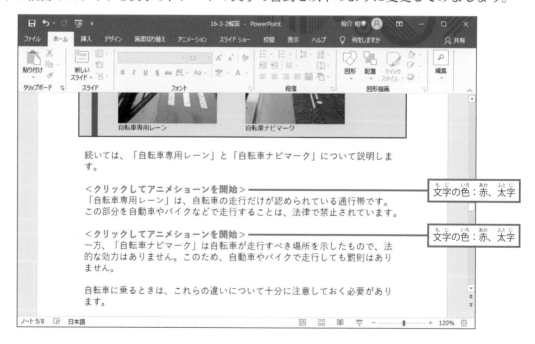

（1）2枚目と5枚目のスライドを「ノート」のレイアウトで印刷してみましょう。

（2）「標準」の画面表示に切り替えて、ノートの領域を閉じた状態に戻してみましょう。

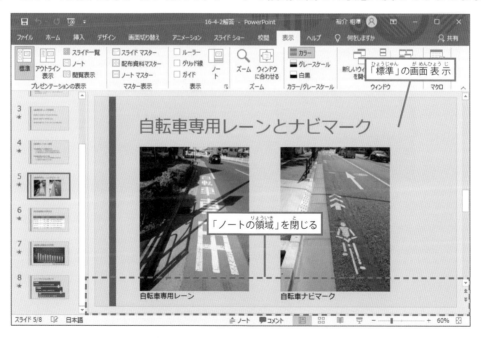

（3）「16-4-3スライド」という名前で、スライドをファイルに保存してみましょう。

Step 17 発表者ツールの操作

17-1 発表者ツールの表示

（1）ステップ16で保存した「16-4-3スライド」を開き、画面に発表者ツールを表示してみましょう。その後、スライド表示を最後まで進めてみましょう。

（1）発表者ツールを表示し、レーザーポインターを使ってスライド上を指し示してみましょう。

レーザーポインターを表示

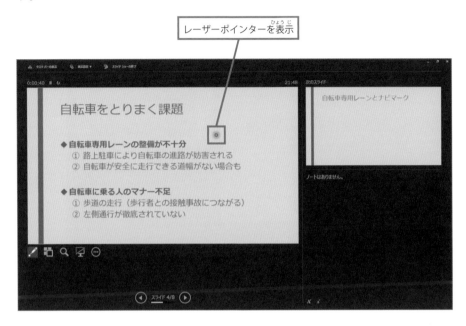

（2）レーザーポインターをOFFにして、通常のマウスポインタに戻してみましょう。

レーザーポインターを消去

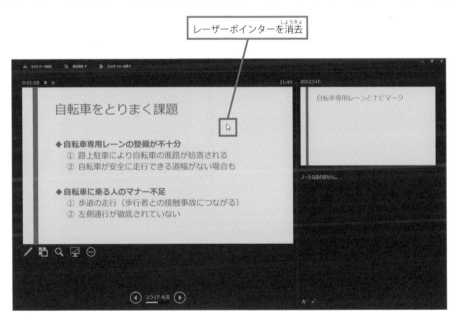

（1）発表者ツールを表示し、ペンを使ってスライド上に線を描画してみましょう。

「ペン」を使って線を描画

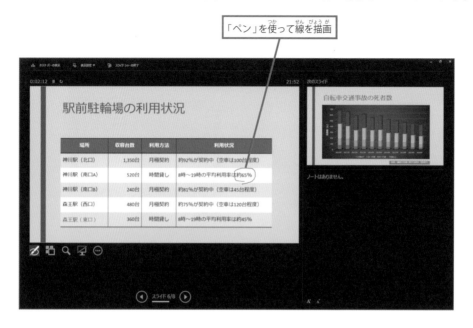

（2）演習（1）で描画した線を「消しゴム」で消去してみましょう。

線を消去

（1）発表者ツールを表示し、「スライドの一覧」の画面に切り替えてみましょう。その後、「7枚目のスライド」へ移動してみましょう。

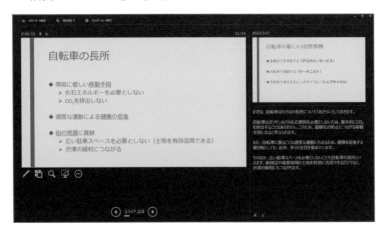

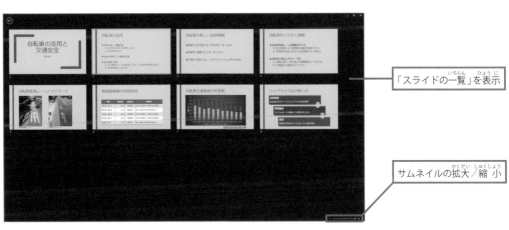

「スライドの一覧」を表示

サムネイルの拡大／縮小

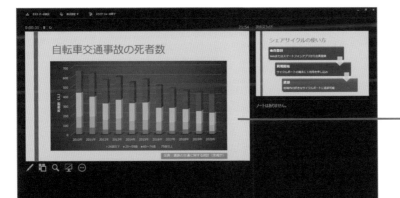

「7枚目のスライド」へ移動

Step 18 数式の入力

（すうしき　にゅうりょく）

18-1 数式の入力

（すうしき　にゅうりょく）

（1）新しいプレゼンテーションを作成し、2枚目のスライドに以下の数式を入力してみましょう。

数式の入力
（すうしき　にゅうりょく）

曲線の長さ
（きょくせん　なが）

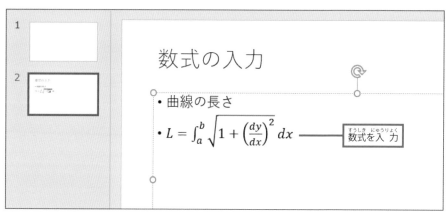

Hint：「1枚目のスライド」は白紙で構いません。
（まいめ）（はくし　かま）

（2）数式を入力した段落の書式を以下のように変更してみましょう。
（すうしき　にゅうりょく　だんらく　しょしき　いか　へんこう）

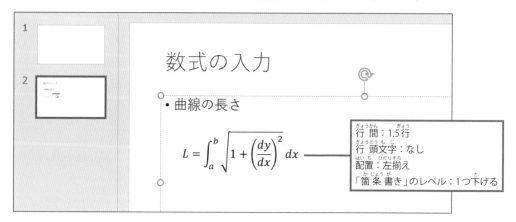

行間：1.5行
（ぎょうかん）（ぎょう）
行頭文字：なし
（ぎょうとうもじ）
配置：左揃え
（はいち　ひだりぞろ）
「箇条書き」のレベル：1つ下げる
（かじょうが）（さ）

ご質問がある場合は・・・

本書の内容についてご質問がある場合は、本書の書名ならびに掲載箇所のページ番号を明記の上、FAX・郵送・Eメールなどの書面にてお送りください（宛先は下記を参照）。電話でのご質問はお断りいたします。また、本書の内容を超えるご質問に関しては、回答を控えさせていただく場合があります。

執筆陣が講師を務めるセミナー、新刊書籍をご案内します。

詳細はこちらから

https://www.cutt.co.jp/seminar/book/

情報演習 ⑤④

留学生のための
PowerPoint ドリルブック PowerPoint 2019 対応

2022年2月10日　初版第1刷発行

著　者　　相澤 裕介
発行人　　石塚 勝敏
発　行　　株式会社 カットシステム
　　　　　〒169-0073 東京都新宿区百人町4-9-7　新宿ユーエストビル8F
　　　　　TEL　（03）5348-3850　　FAX　（03）5348-3851
　　　　　URL　https://www.cutt.co.jp/
　　　　　振替　00130-6-17174
印　刷　　シナノ書籍印刷 株式会社

本書に関するご意見、ご質問は小社出版部宛まで文書か、sales@cutt.co.jp 宛に e-mail でお送りください。電話によるお問い合わせはご遠慮ください。また、本書の内容を超えるご質問にはお答えできませんので、あらかじめご了承ください。

Cover design Y.Yamaguchi　　　　　　　　Copyright©2021　相澤 裕介
Printed in Japan　ISBN 978-4-87783-794-5

30ステップで基礎から実践へ！

ステップバイステップ方式で確実な学習効果をねらえます

留学生向けのルビ付きテキスト（漢字にルビをふってあります）

情報演習 C ステップ 30　（Windows 10 版）
留学生のためのタイピング練習ワークブック
ISBN978-4-87783-800-3／定価 880円 税10%

情報演習 38 ステップ 30
留学生のための Word 2016 ワークブック
ISBN978-4-87783-795-2／定価 990円 税10% `本文カラー`

情報演習39ステップ30
留学生のための Excel 2016 ワークブック
ISBN978-4-87783-796-9／定価 990円 税10% `本文カラー`

情報演習 42 ステップ 30
留学生のための PowerPoint 2016 ワークブック
ISBN978-4-87783-805-8／定価 990円 税10% `本文カラー`

情報演習 49 ステップ 30
留学生のための Word 2019 ワークブック
ISBN978-4-87783-789-1／定価 990円 税10% `本文カラー`

情報演習 50 ステップ 30
留学生のための Excel 2019 ワークブック
ISBN978-4-87783-790-7／定価 990円 税10% `本文カラー`

情報演習 51 ステップ 30
留学生のための PowerPoint 2019 ワークブック
ISBN978-4-87783-791-4／定価 990円 税10% `本文カラー`

情報演習 47 ステップ 30
留学生のための HTML5 & CSS3 ワークブック
ISBN978-4-87783-808-9／定価 990円 税10%

情報演習 48 ステップ 30
留学生のための JavaScript ワークブック
ISBN978-4-87783-807-2／定価 990円 税10%

情報演習 43 ステップ 30
留学生のための Python [基礎編] ワークブック
ISBN978-4-87783-806-5／定価 990円 税10%／A4判

留学生向けドリル形式のテキストシリーズ

情報演習 44
留学生のための Word ドリルブック
ISBN978-4-87783-797-6／定価 990円 税10% `本文カラー`

情報演習 45
留学生のための Excel ドリルブック
ISBN978-4-87783-798-3／定価 990円 税10% `本文カラー`

情報演習 46
留学生のための PowerPoint ドリルブック
ISBN978-4-87783-799-0／定価 990円 税10% `本文カラー`

タッチタイピングを身につける

情報演習 B ステップ 30
タイピング練習ワークブック Windows 10 版
ISBN978-4-87783-838-6／本体 880円 税10%

Office のバージョンに合わせて選べる

情報演習 26 ステップ 30
Word 2016 ワークブック
ISBN978-4-87783-832-4／定価 990円 税10% `本文カラー`

情報演習 27 ステップ 30
Excel 2016 ワークブック
ISBN978-4-87783-833-1／定価 990円 税10% `本文カラー`

情報演習 28 ステップ 30
PowerPoint 2016 ワークブック
ISBN978-4-87783-834-8／定価 990円 税10% `本文カラー`

情報演習 55 ステップ 30
Word 2019 ワークブック
ISBN978-4-87783-842-3／定価 990円 税10% `本文カラー`

情報演習 56 ステップ 30
Excel 2019 ワークブック
ISBN978-4-87783-843-0／定価 990円 税10% `本文カラー`

情報演習 57 ステップ 30
PowerPoint 2019 ワークブック
ISBN978-4-87783-844-7／定価 990円 税10% `本文カラー`

Photoshop を基礎から学習

情報演習 30 ステップ 30
Photoshop CS6 ワークブック
ISBN978-4-87783-831-7／定価 1,100円 税10% `本文カラー`

ホームページ制作を基礎から学習

情報演習 35 ステップ 30
HTML5 & CSS3 ワークブック [第 2 版]
ISBN978-4-87783-840-9／定価 990円 税10%

情報演習 36 ステップ 30
JavaScript ワークブック [第 3 版]
ISBN978-4-87783-841-6／定価 990円 税10%

コンピュータ言語を基礎から学習

情報演習 31 ステップ 30
Excel VBA ワークブック
ISBN978-4-87783-835-5／定価 990円 税10%

情報演習 32 ステップ 30
C 言語ワークブック 基礎編
ISBN978-4-87783-836-2／定価 990円 税10%

情報演習 6 ステップ 30
C 言語ワークブック
ISBN978-4-87783-820-1／本体 880円 税10%

情報演習 7 ステップ 30
C++ ワークブック
ISBN978-4-87783-822-5／本体 880円 税10%

情報演習 33 ステップ 30
Python [基礎編] ワークブック
ISBN978-4-87783-837-9／定価 990円 税10%

この他のワークブック、内容見本などもございます。
詳細はホームページをご覧ください
https://www.cutt.co.jp/

テーマの一覧

■ビュー

■ベルリン

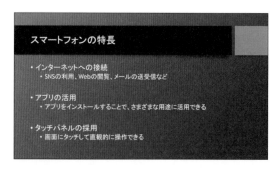

■メイン イベント

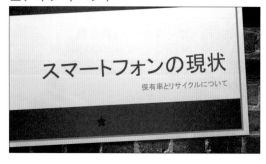
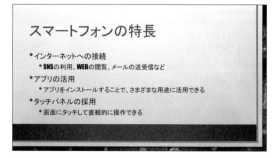

■回路

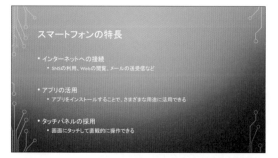